This book belongs to

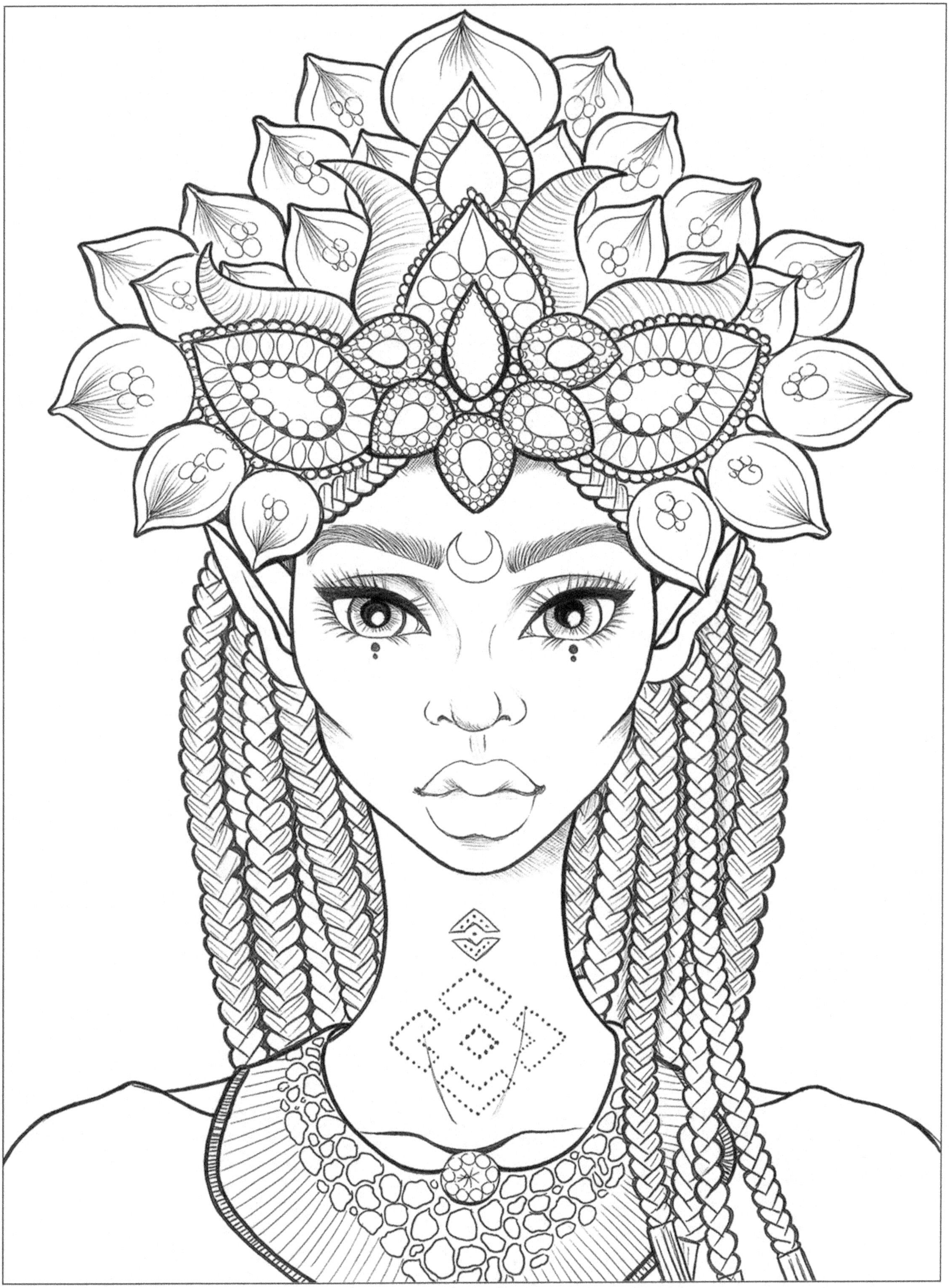

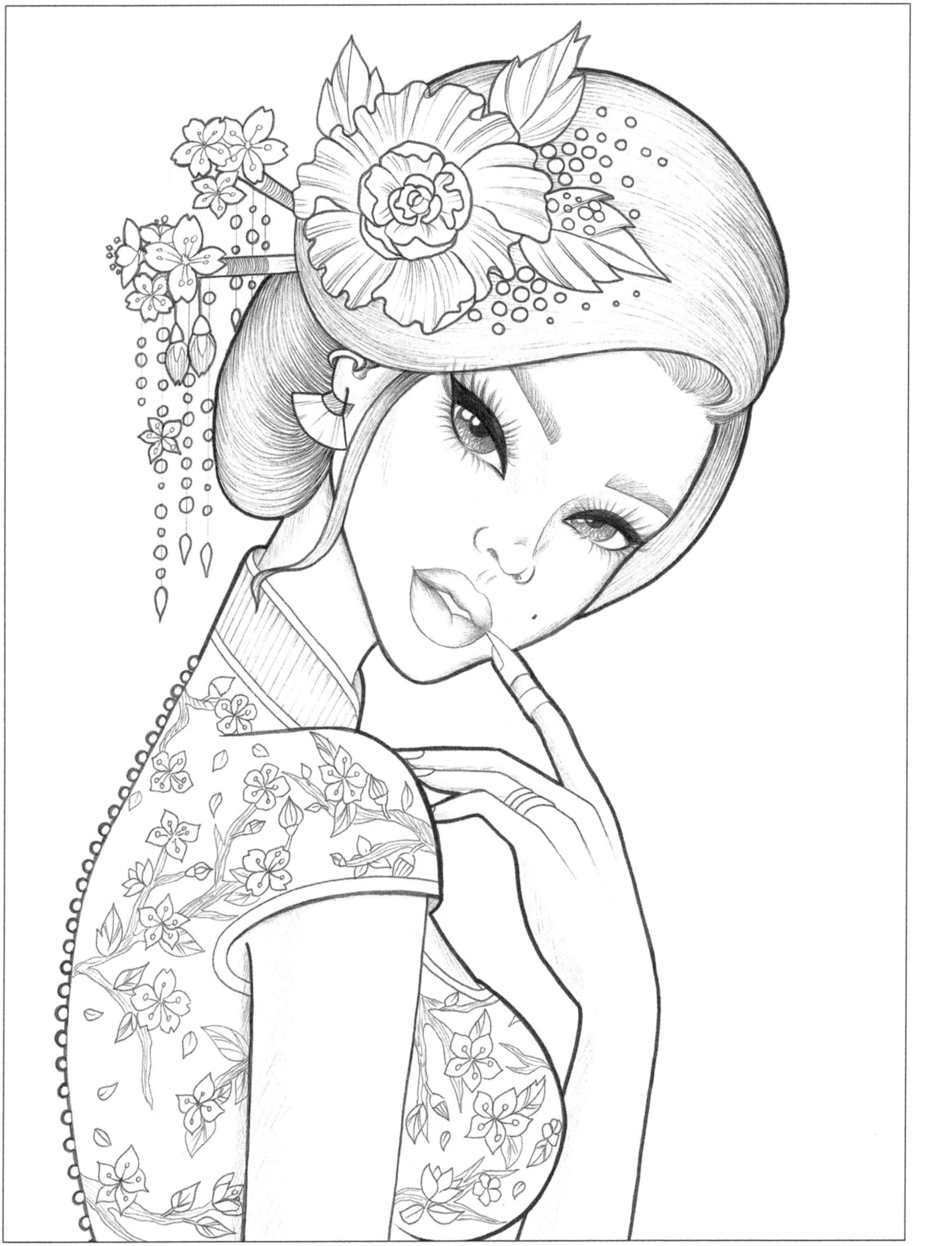

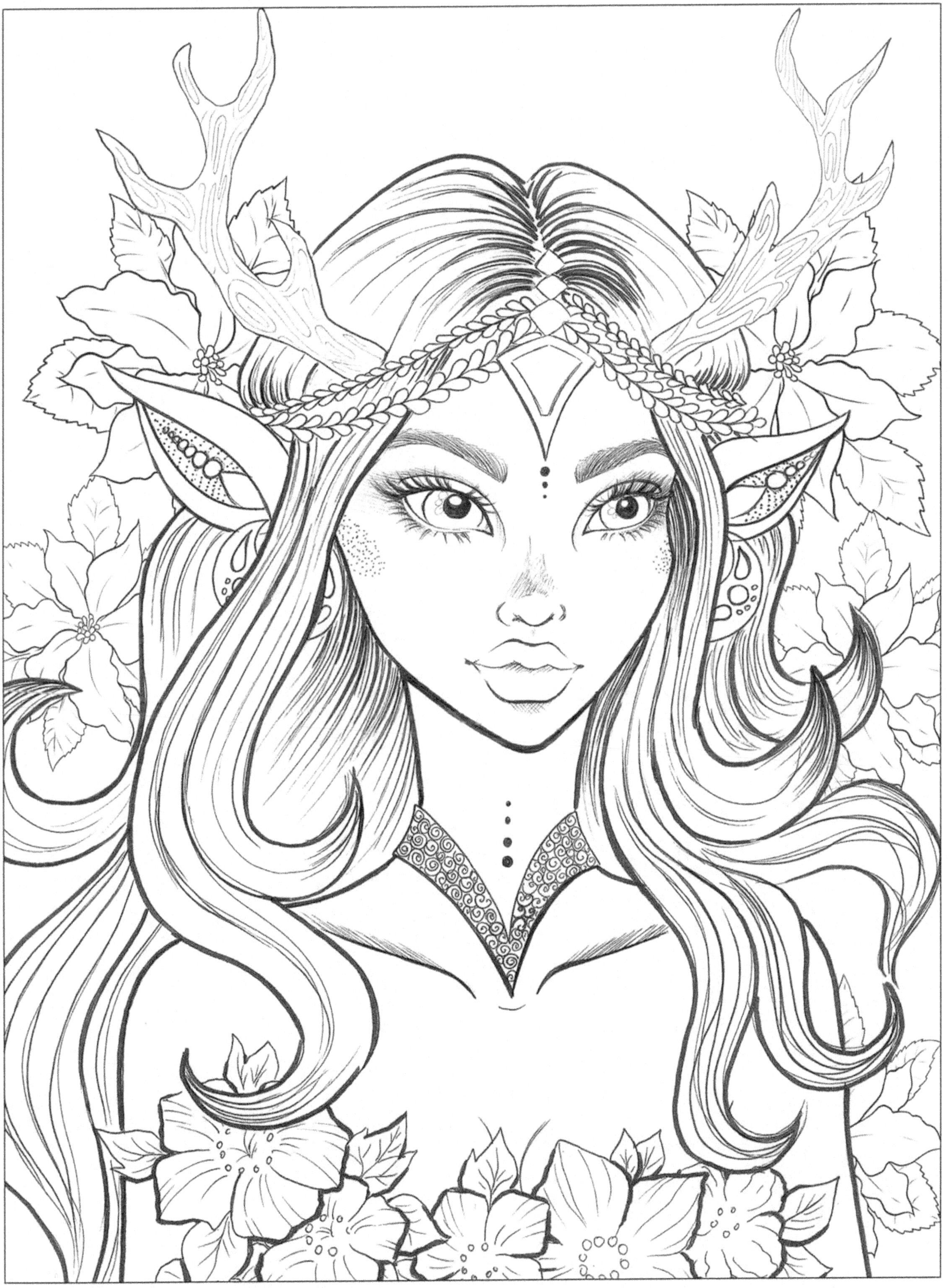

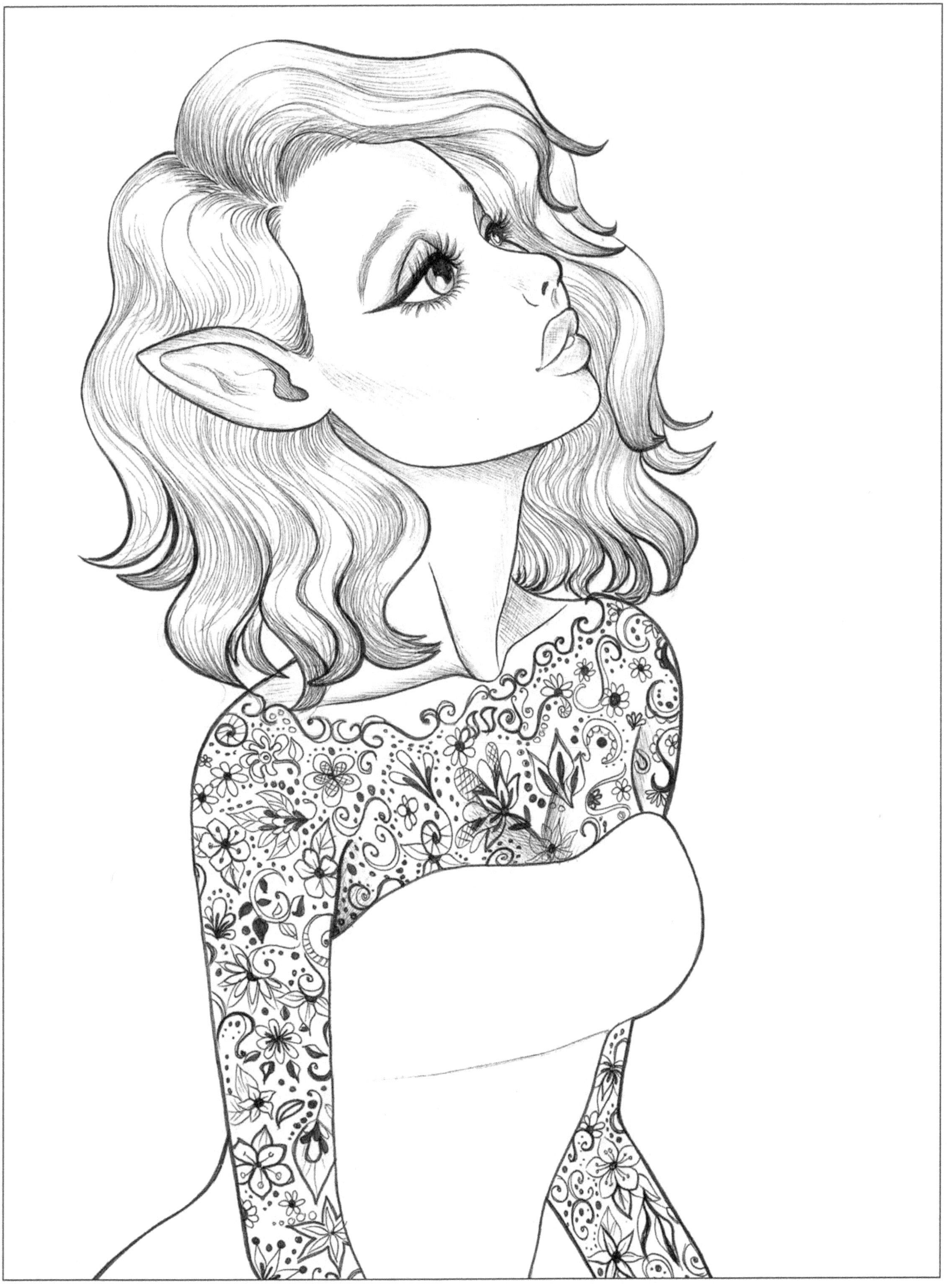

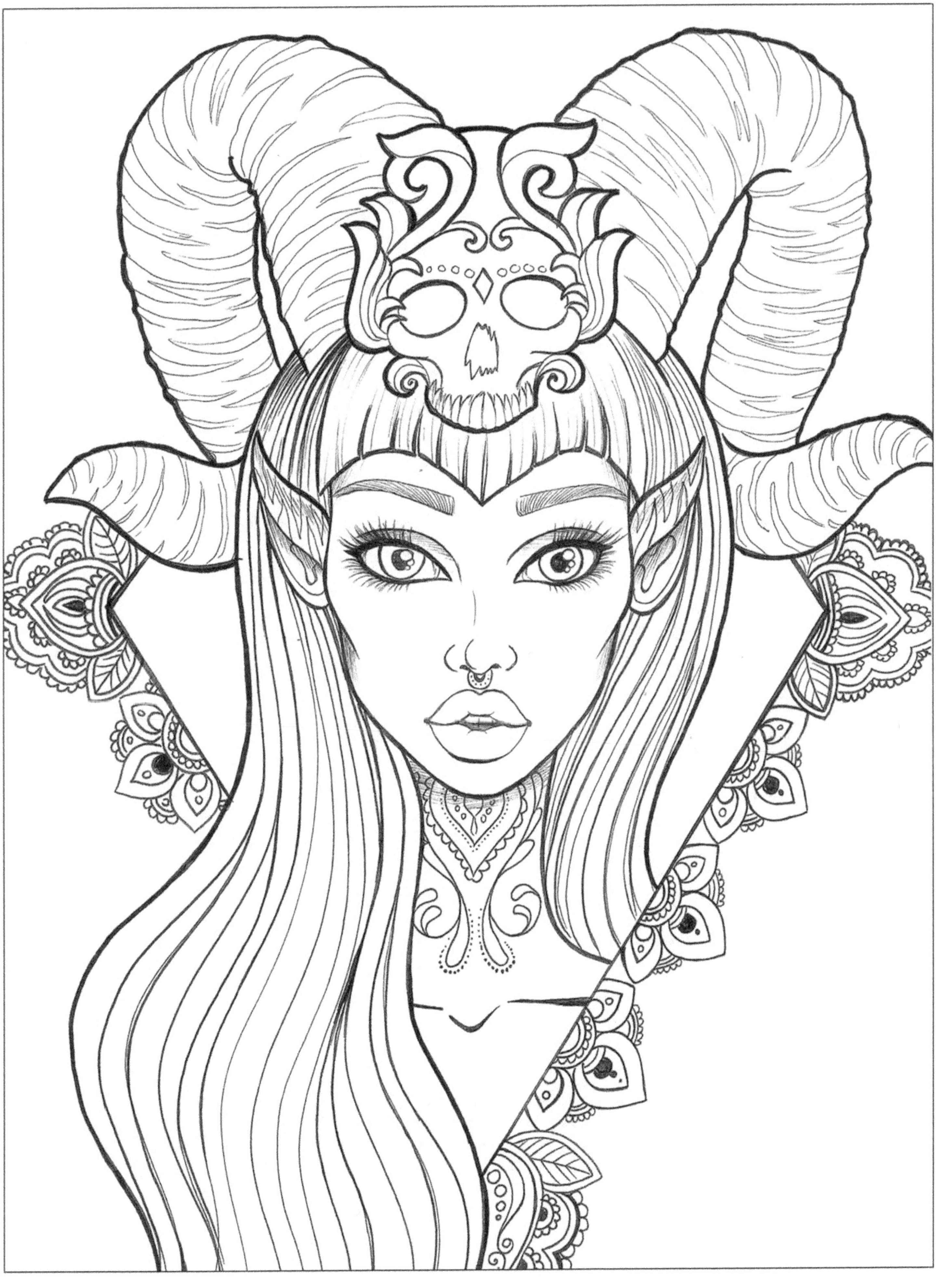

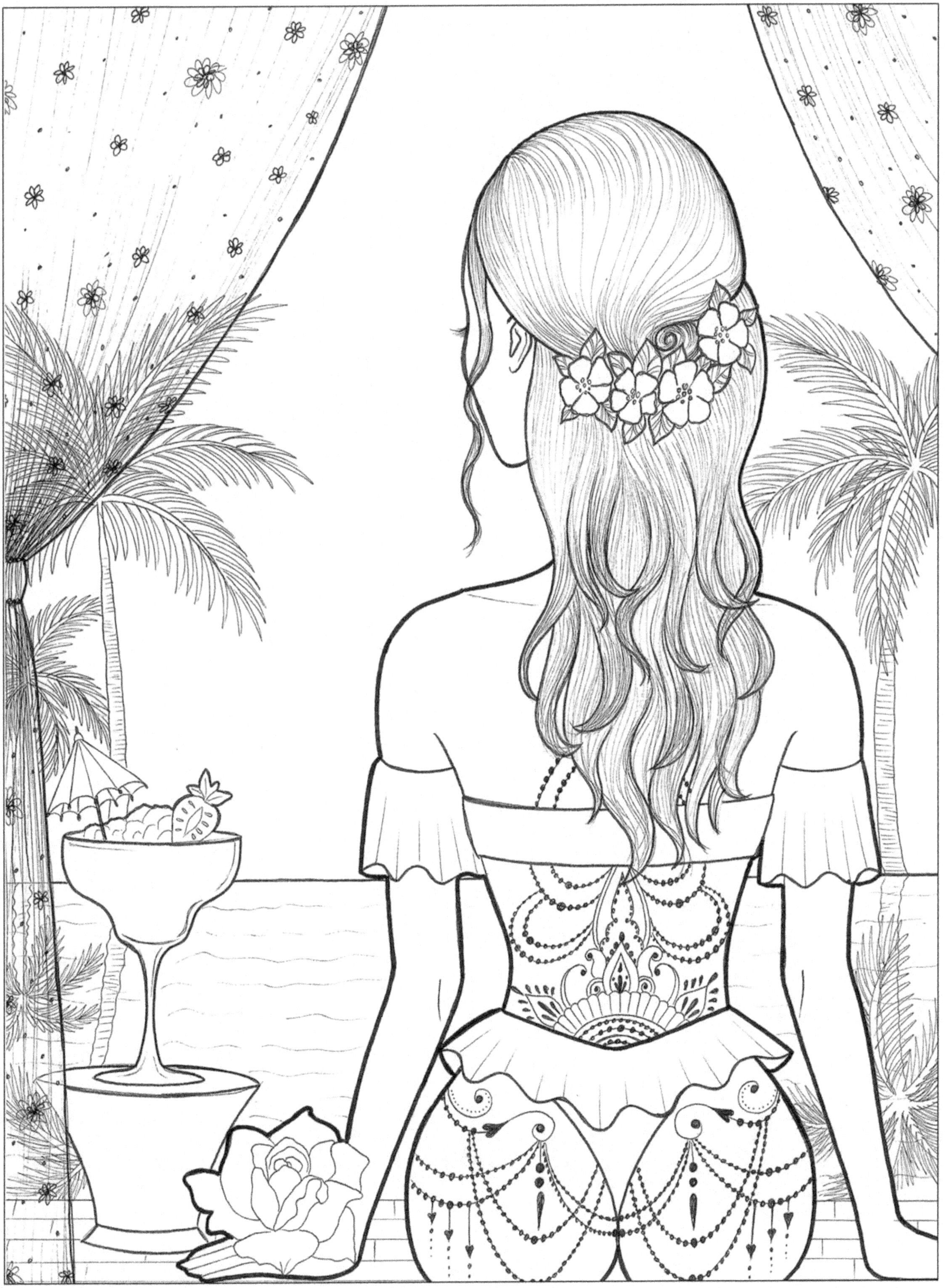

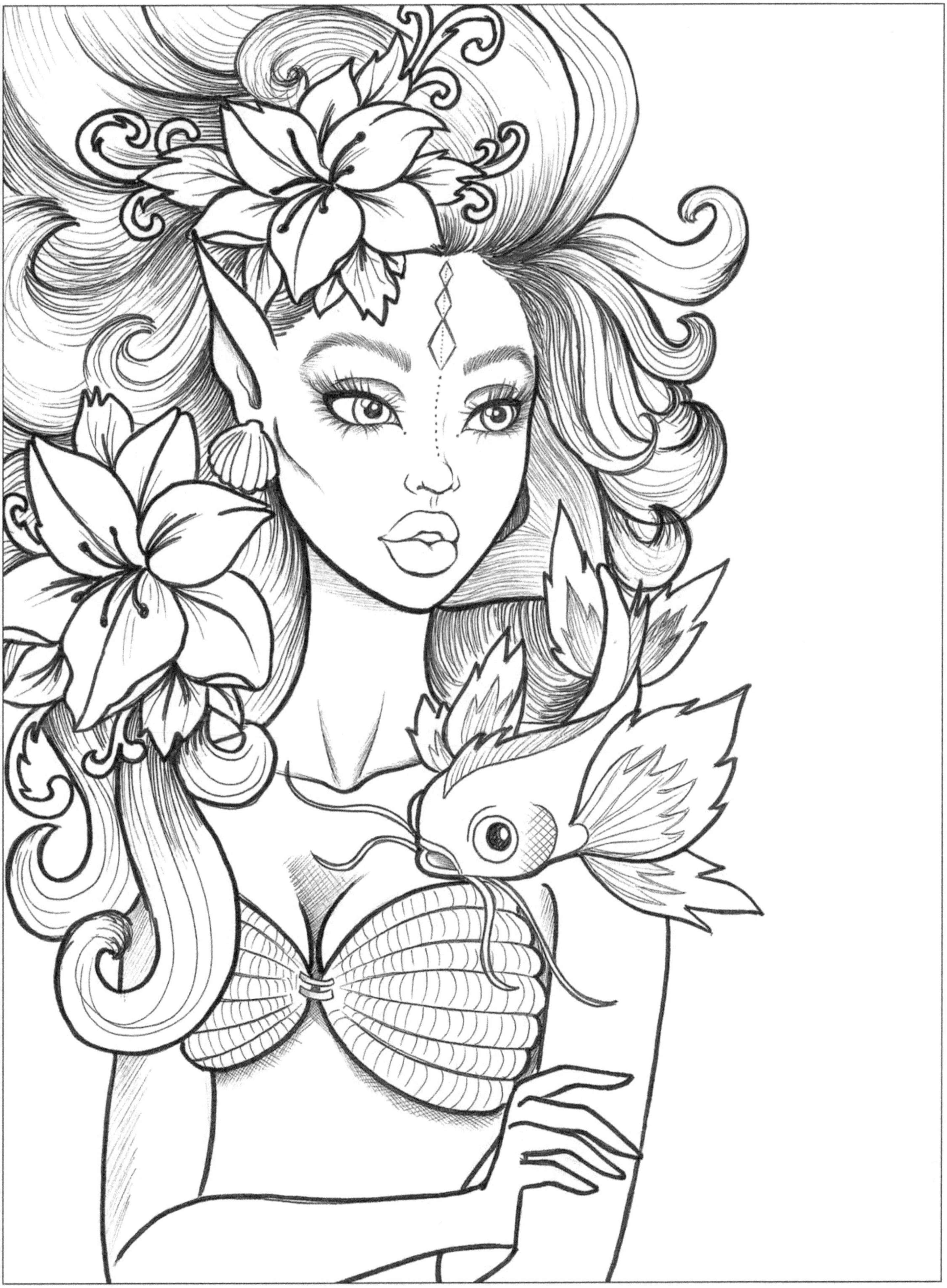

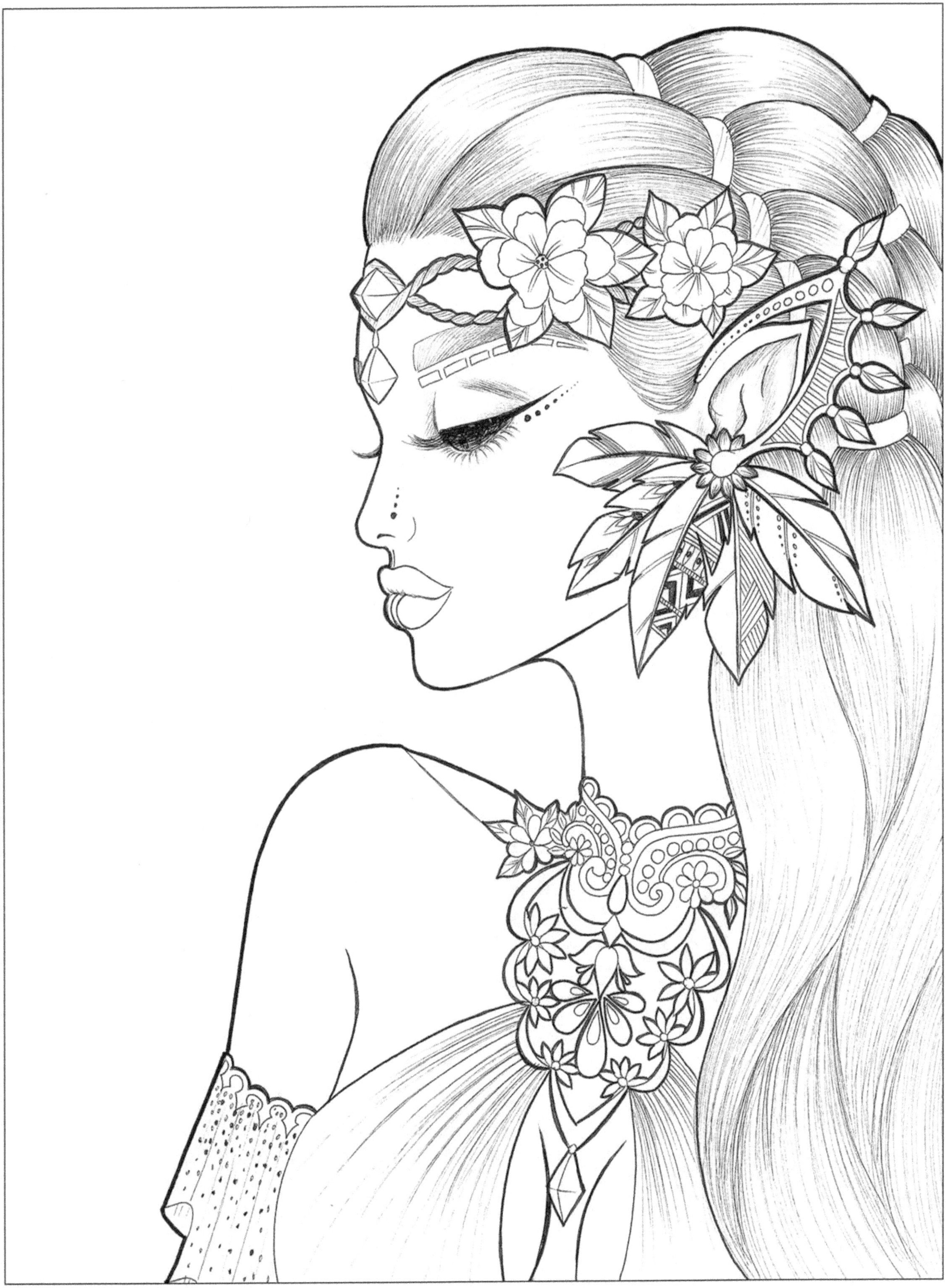

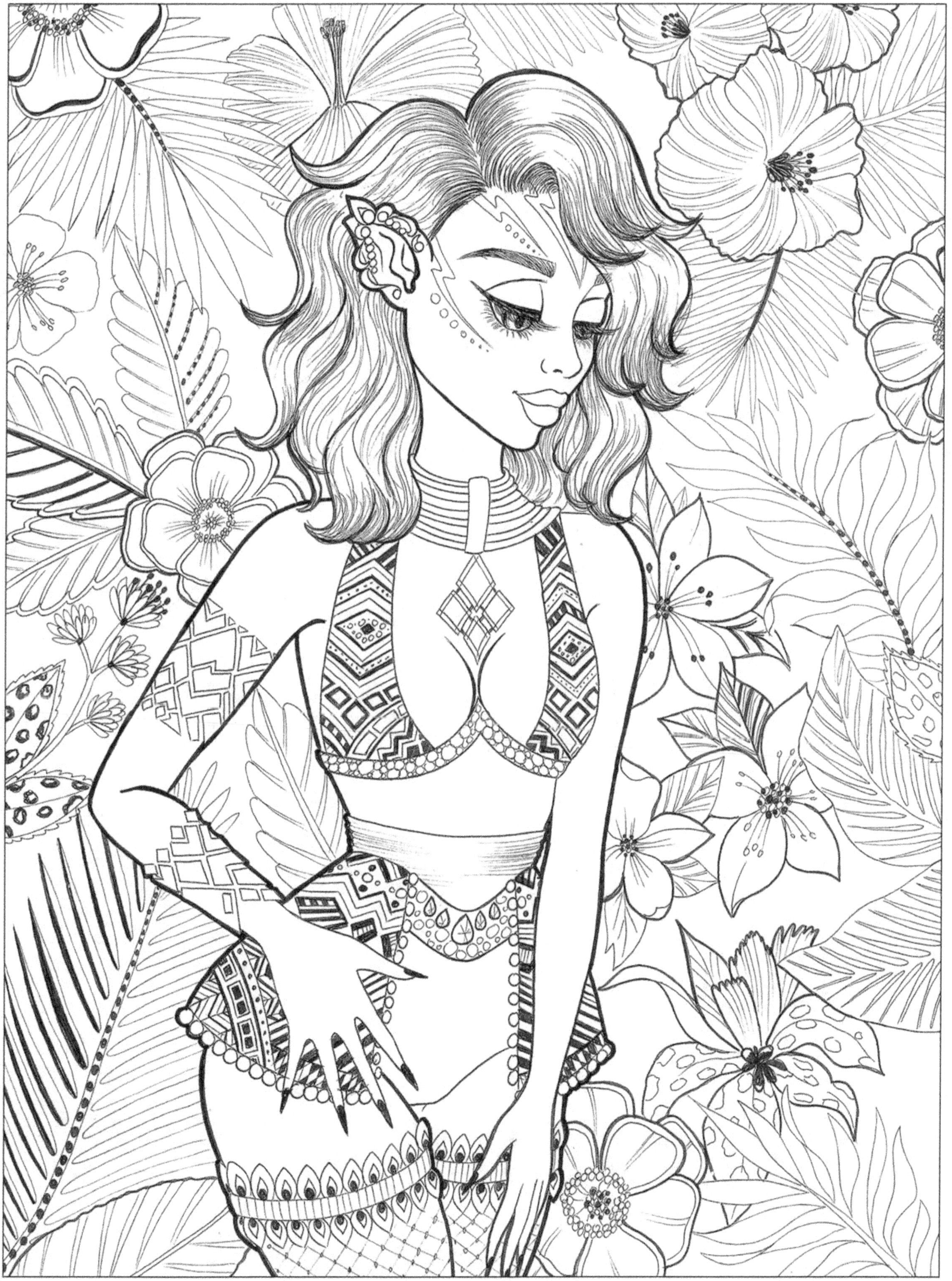

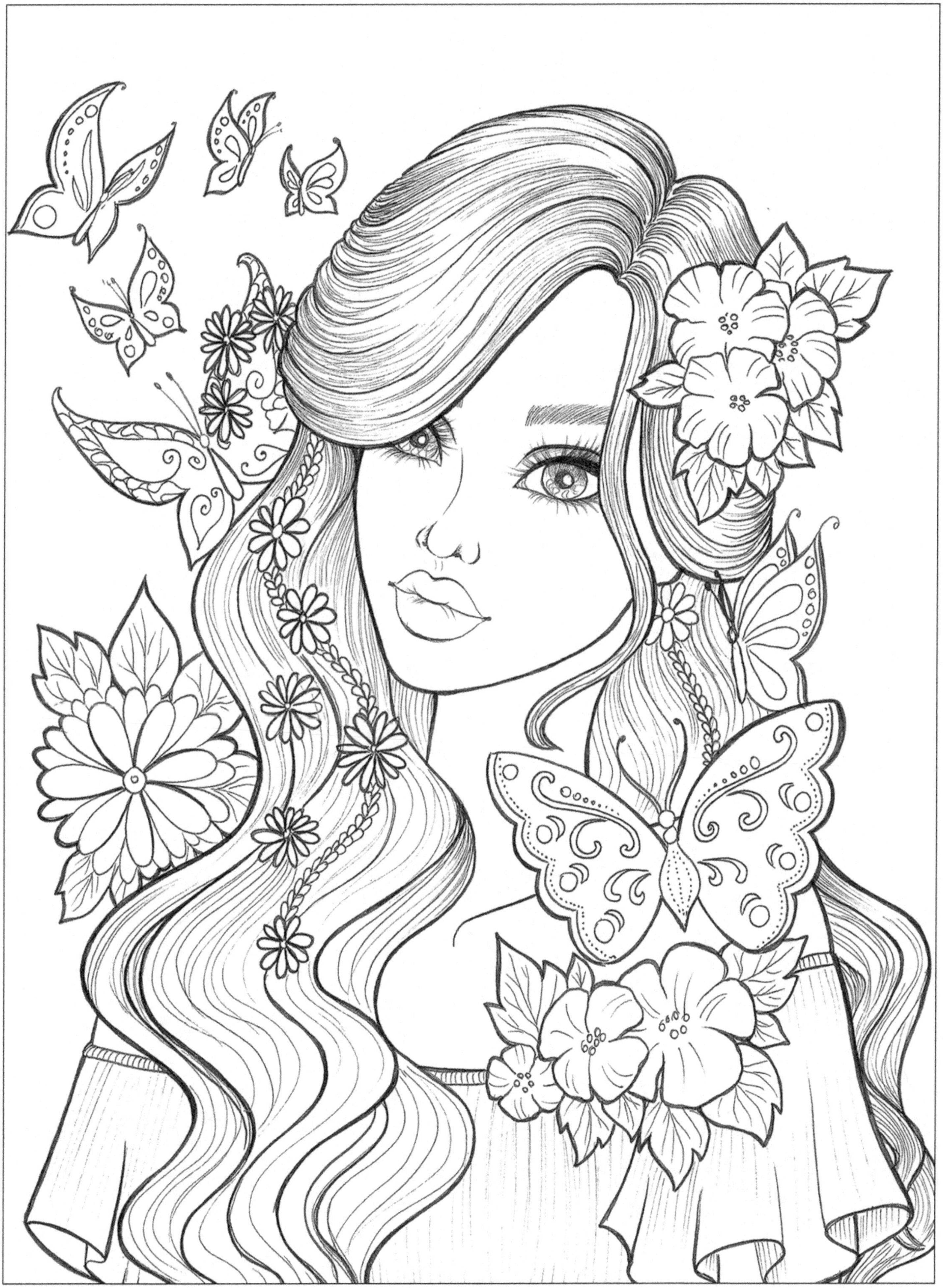

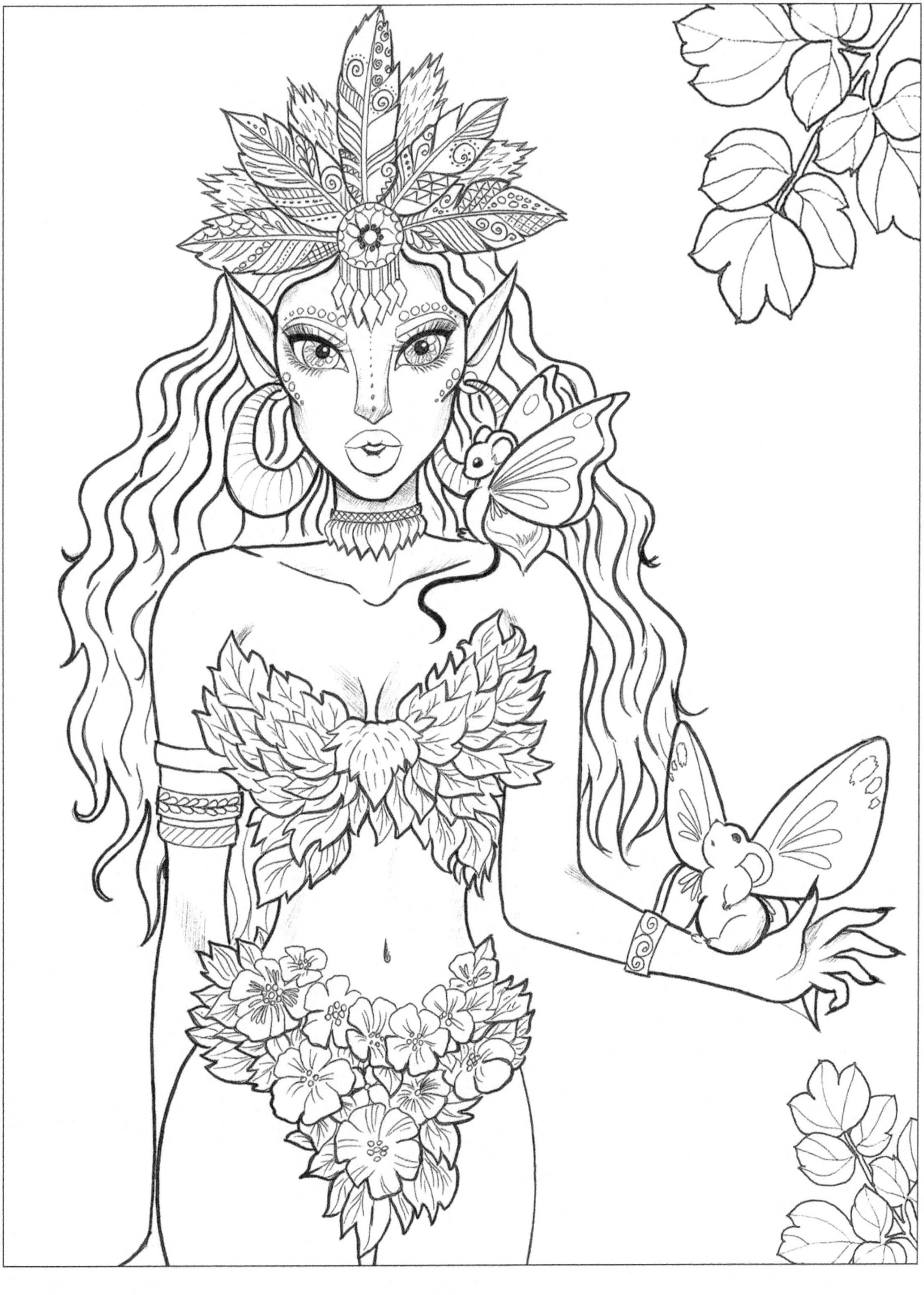

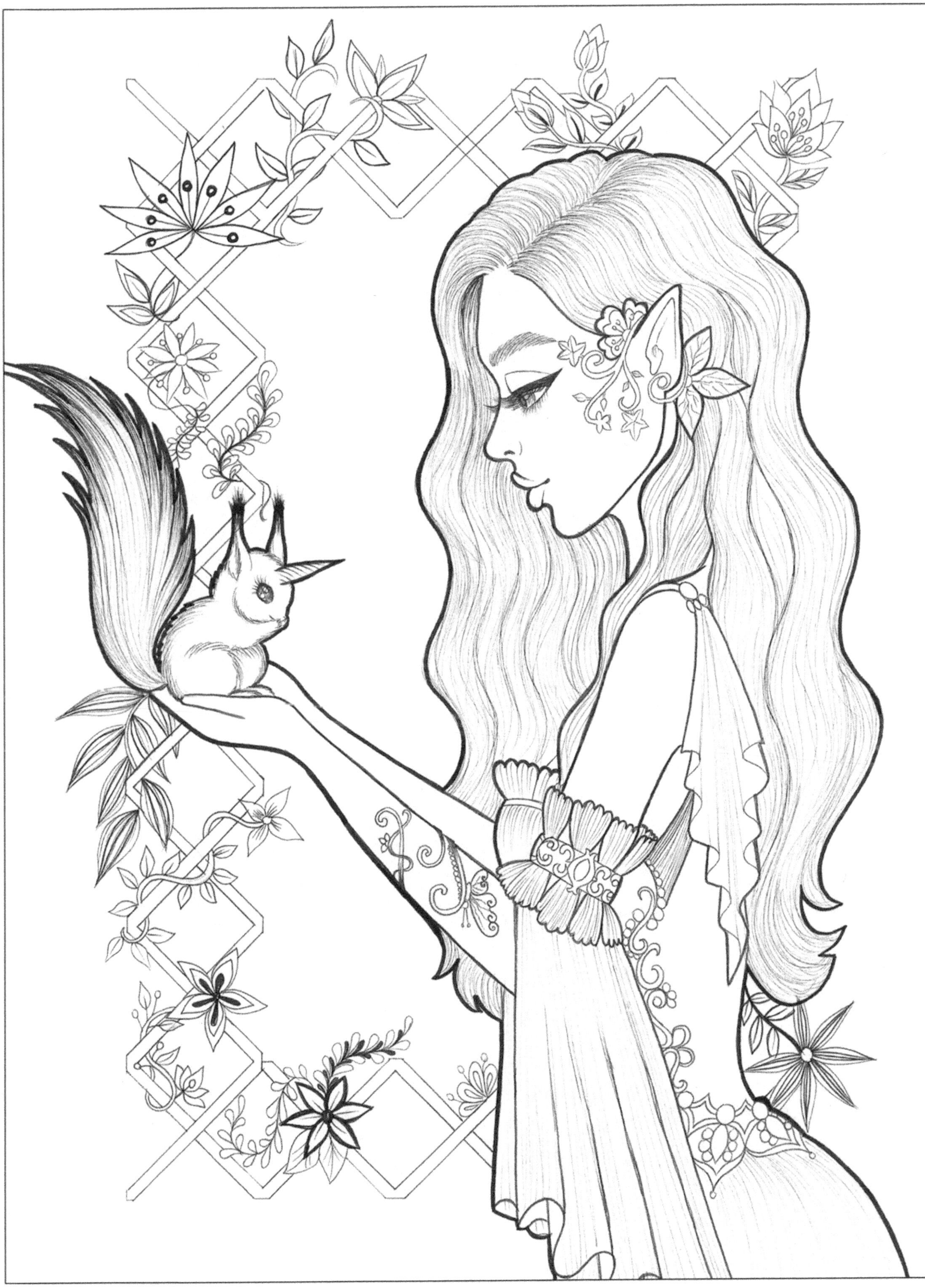

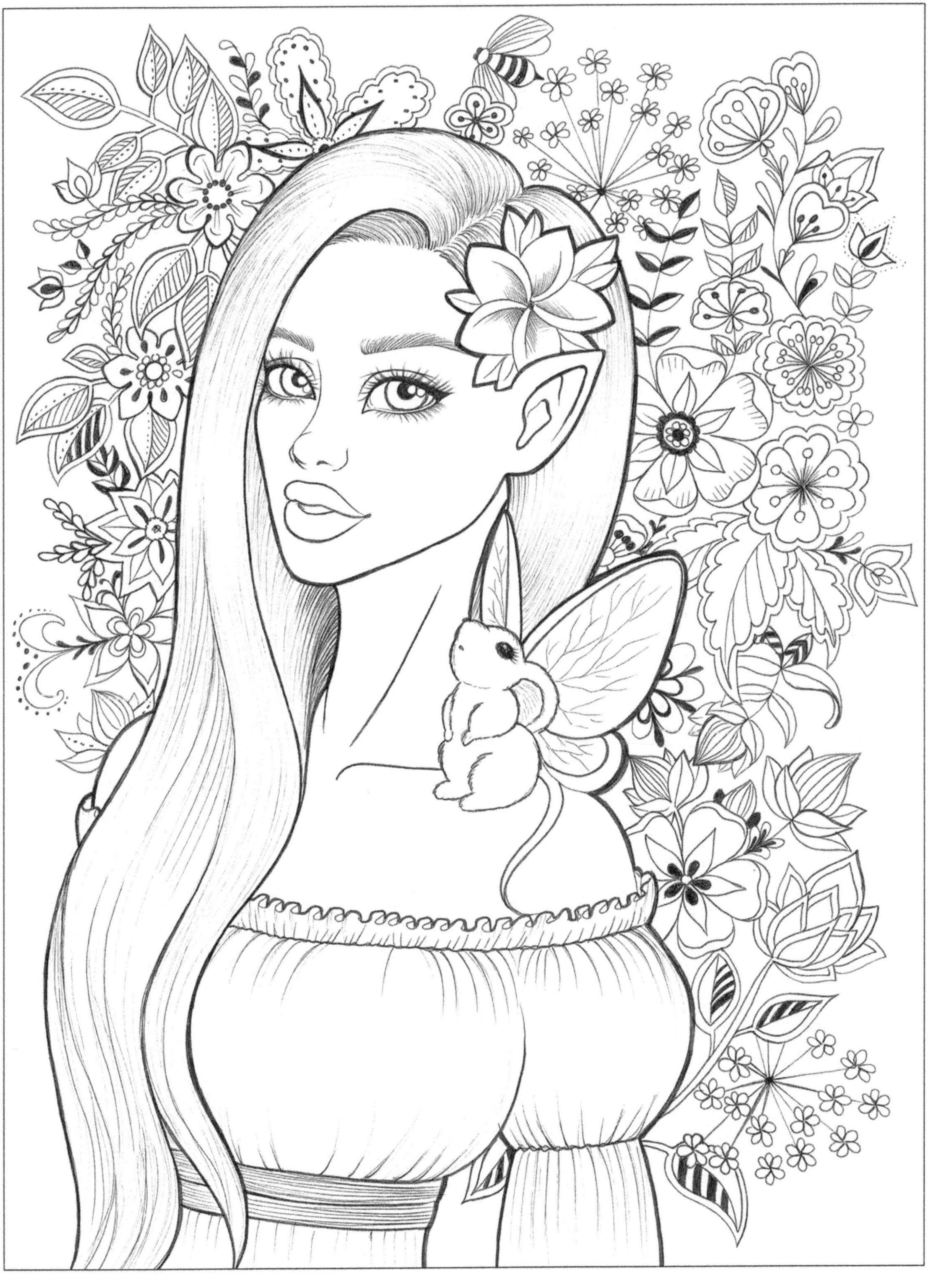

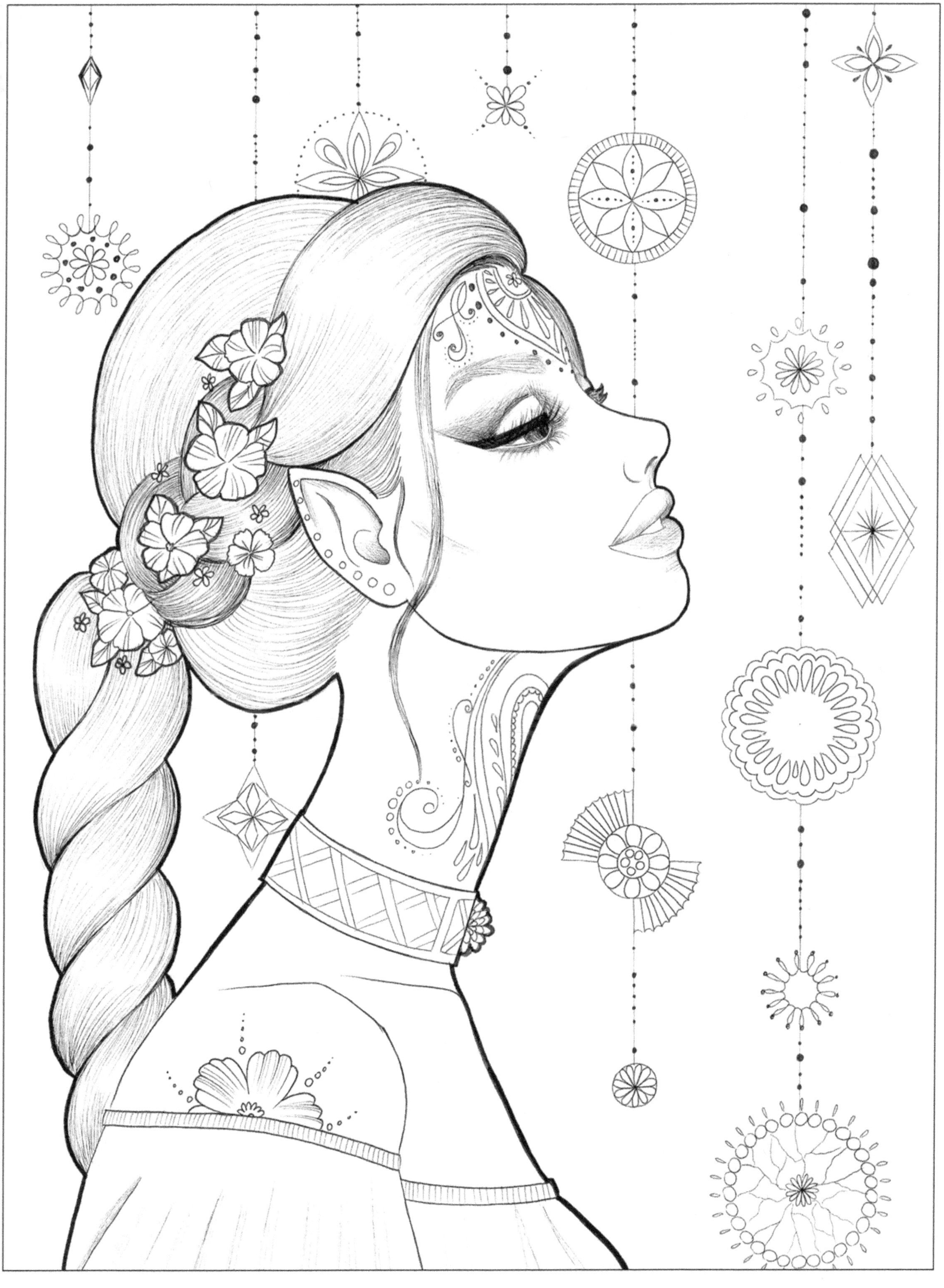

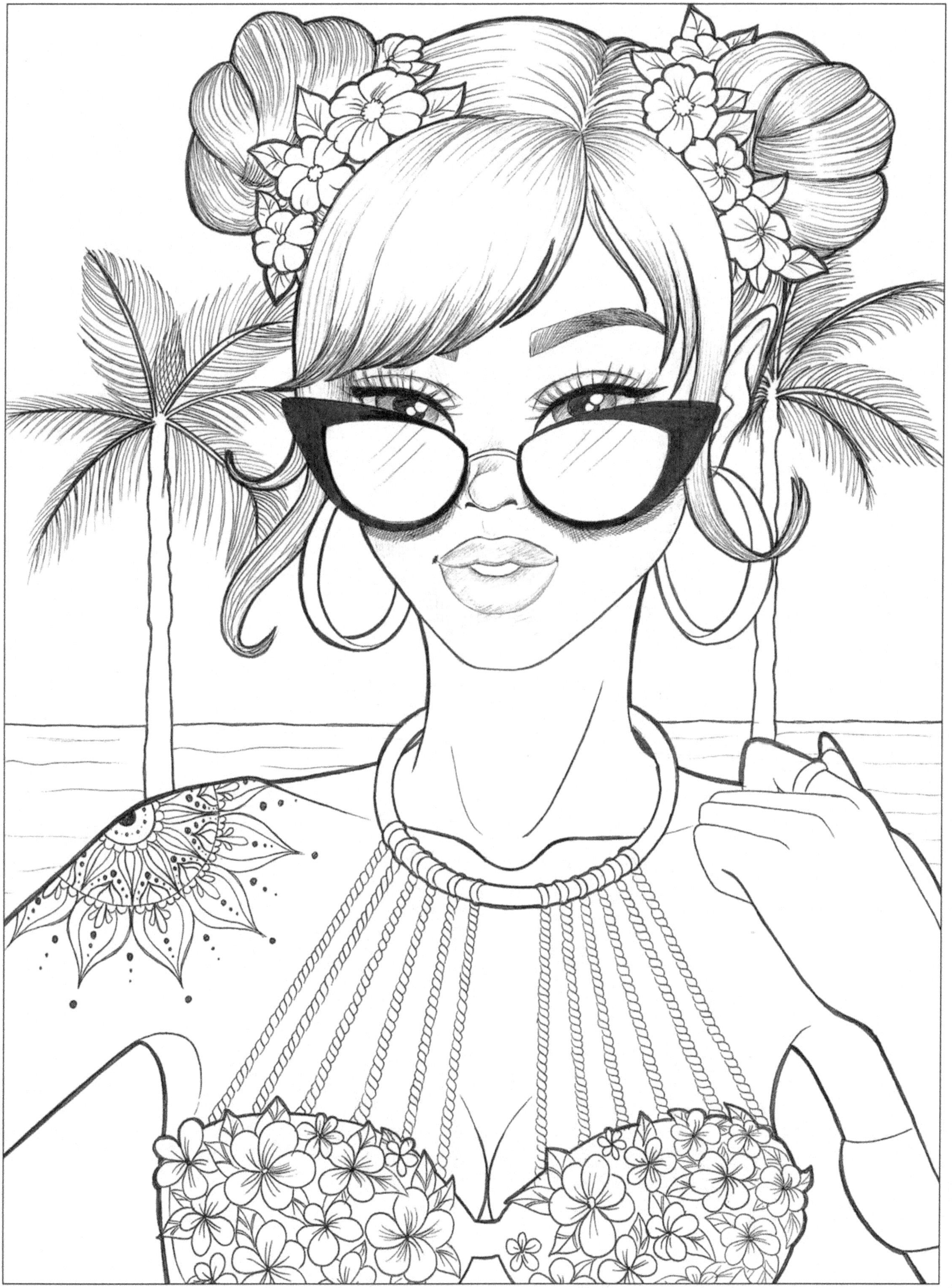

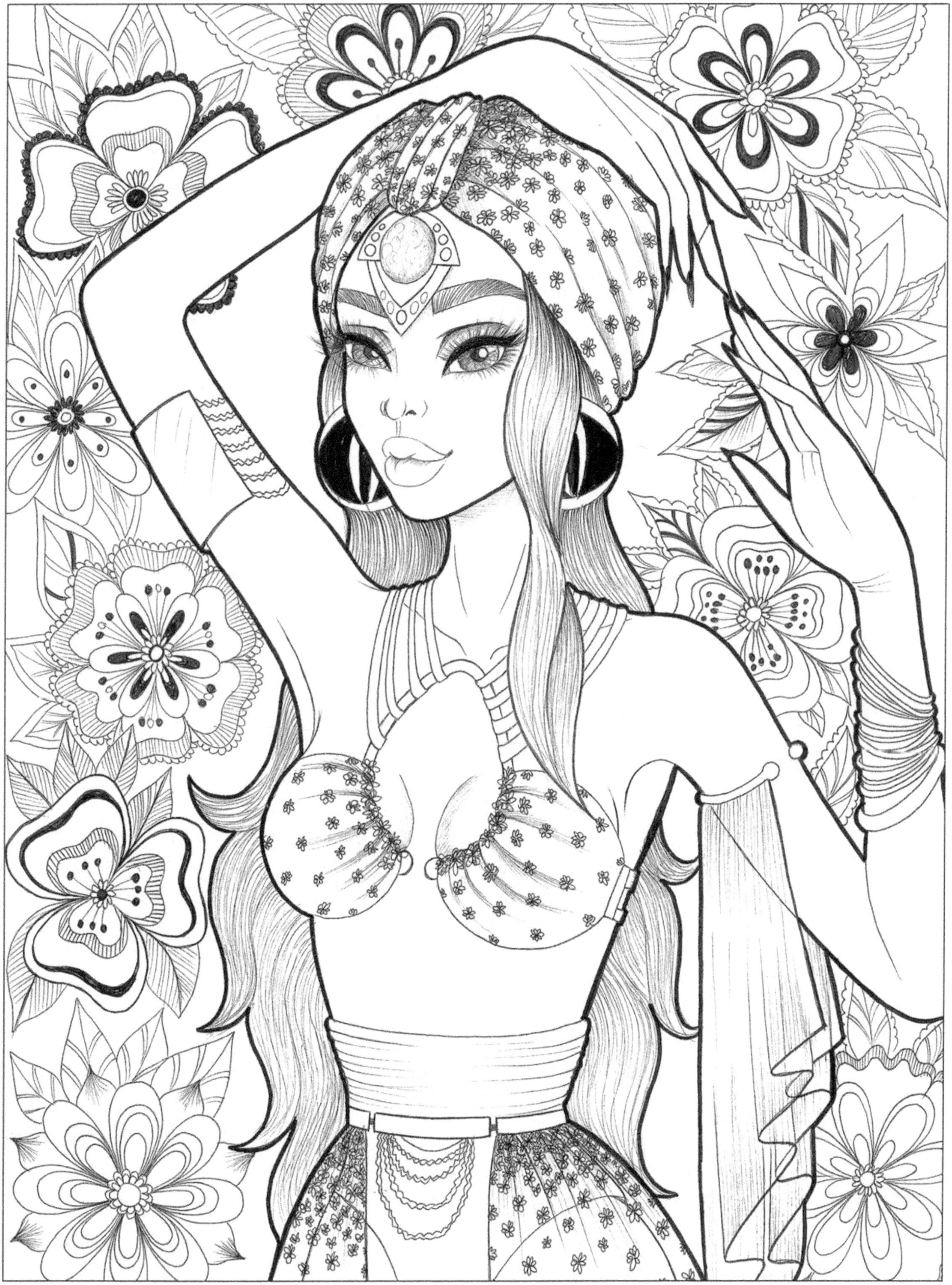

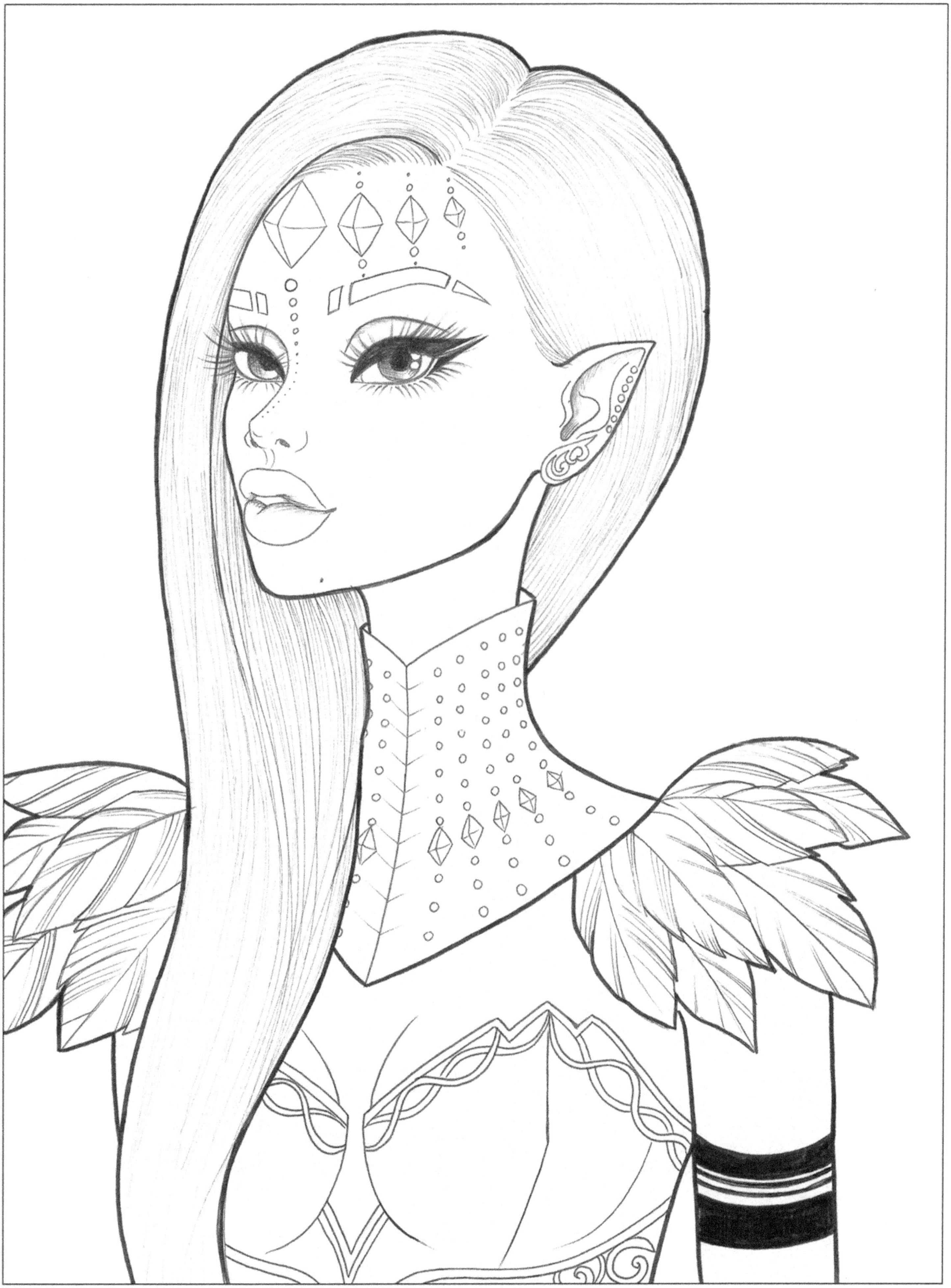

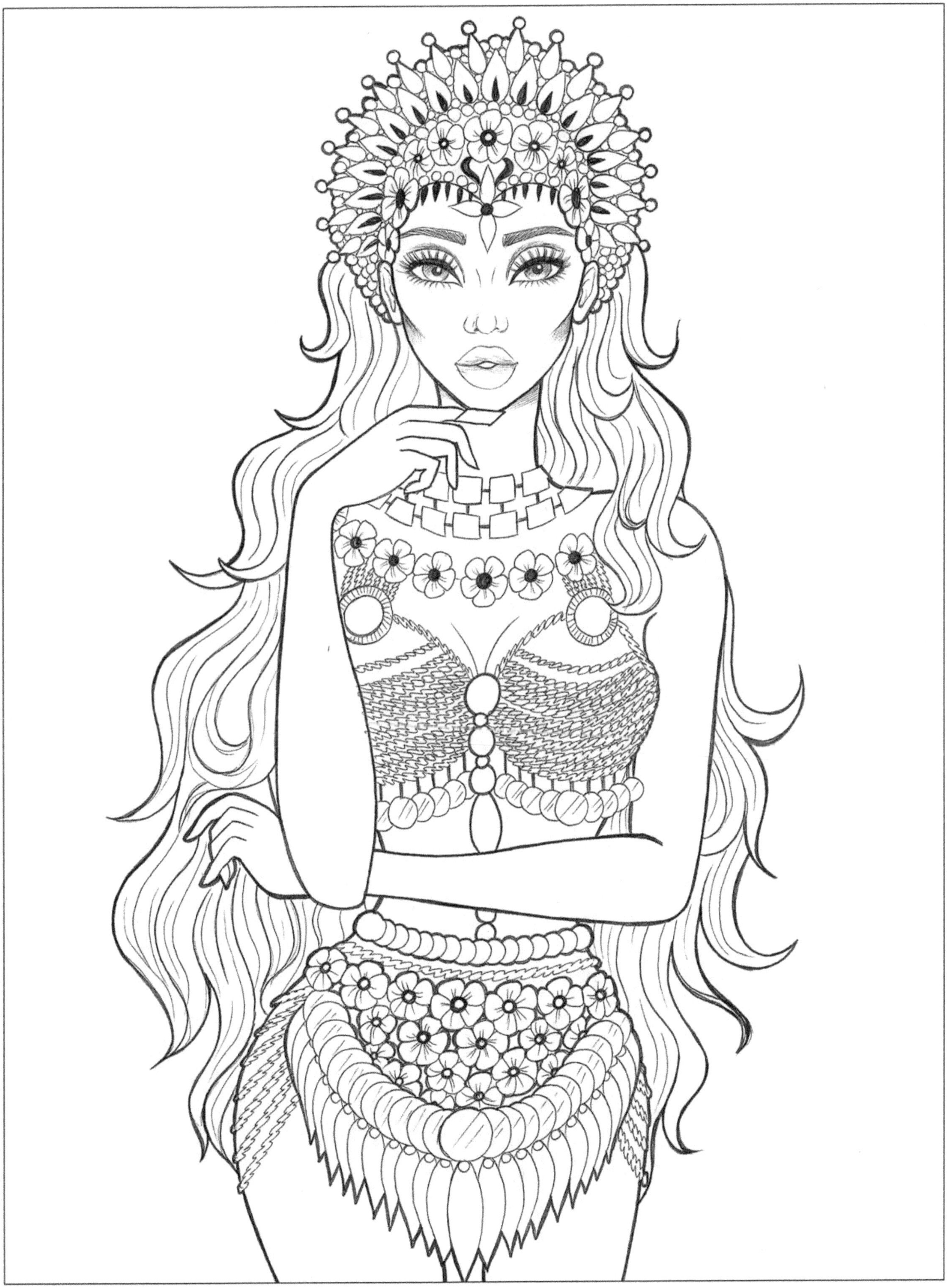

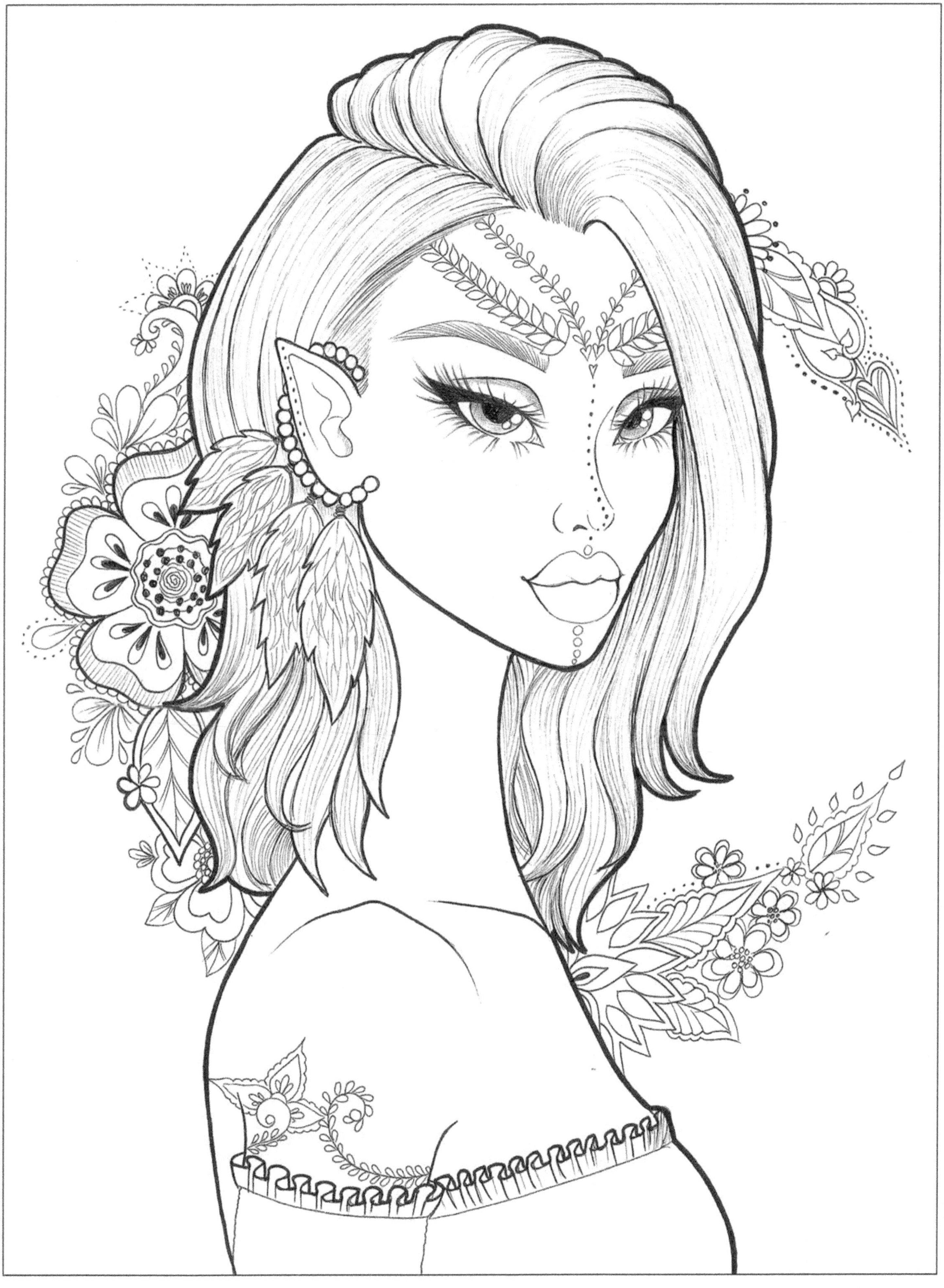

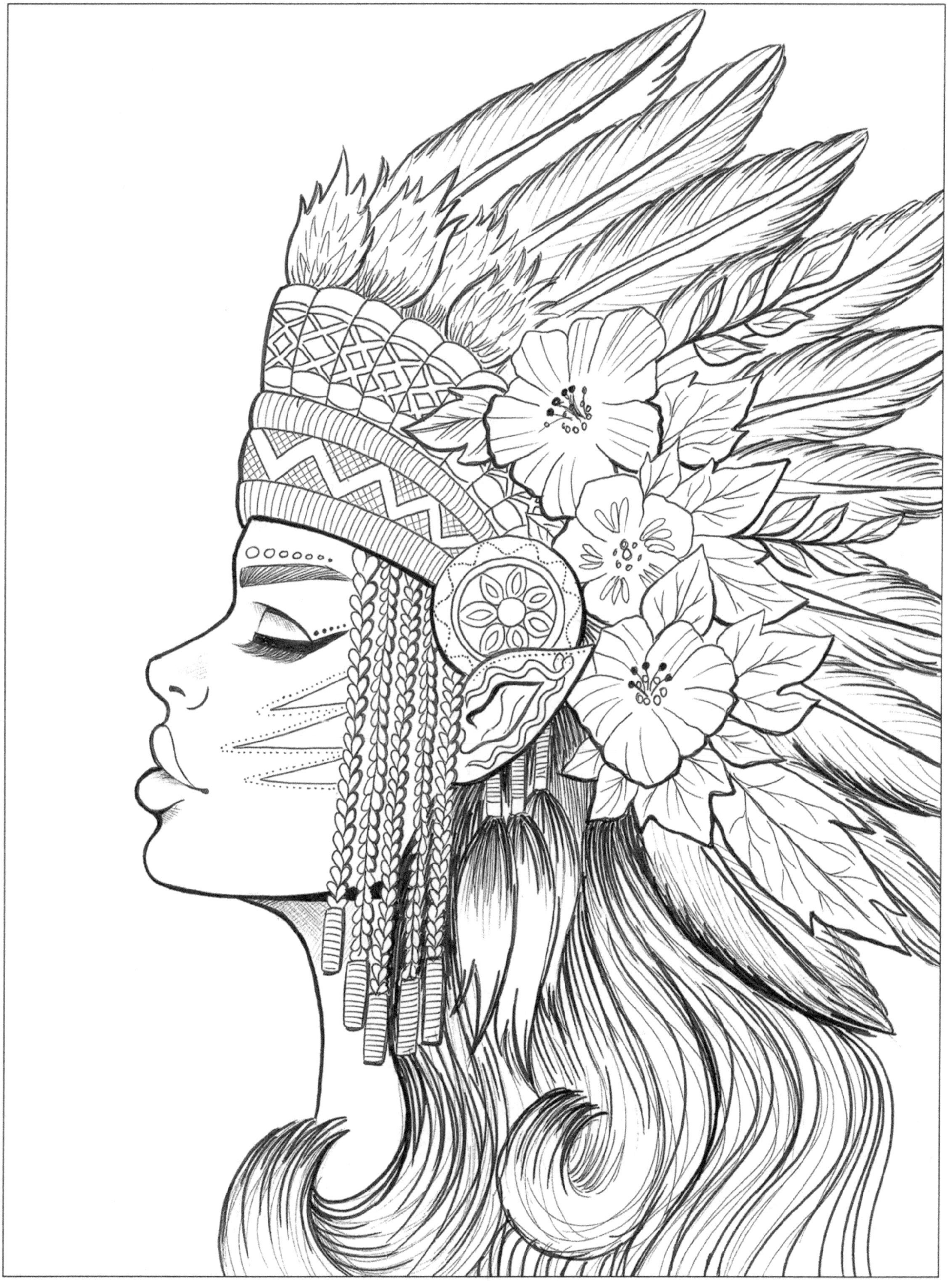

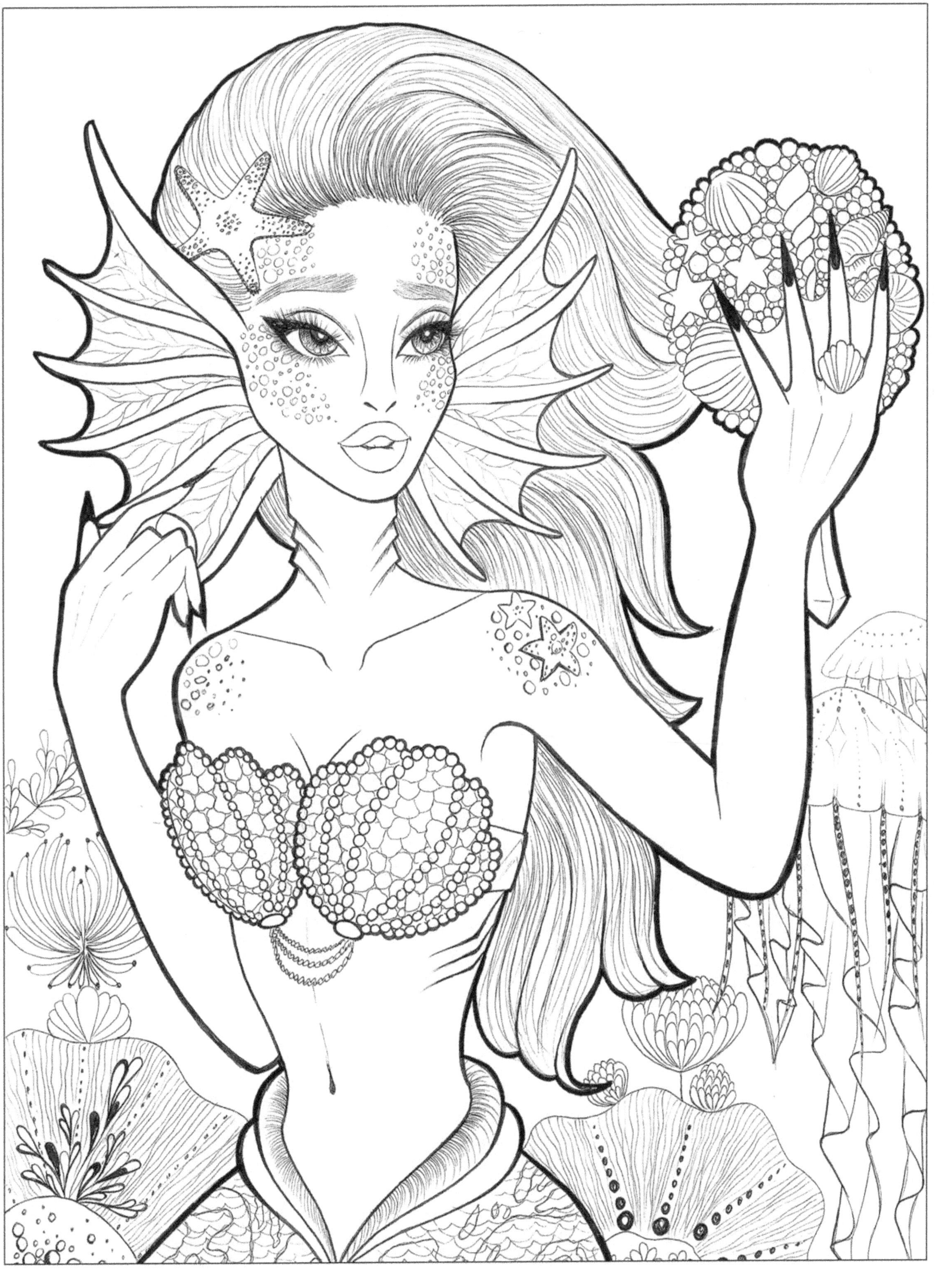

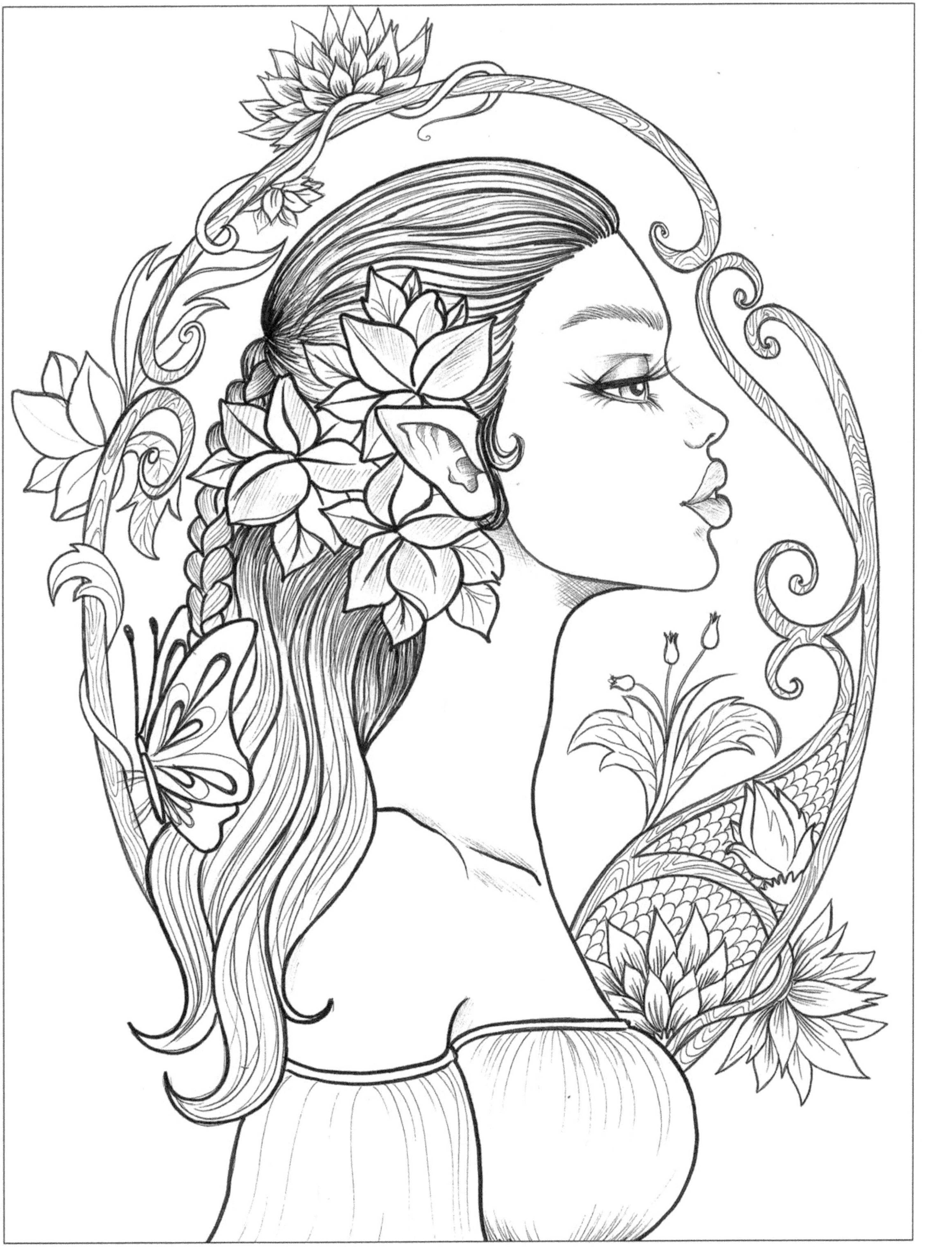

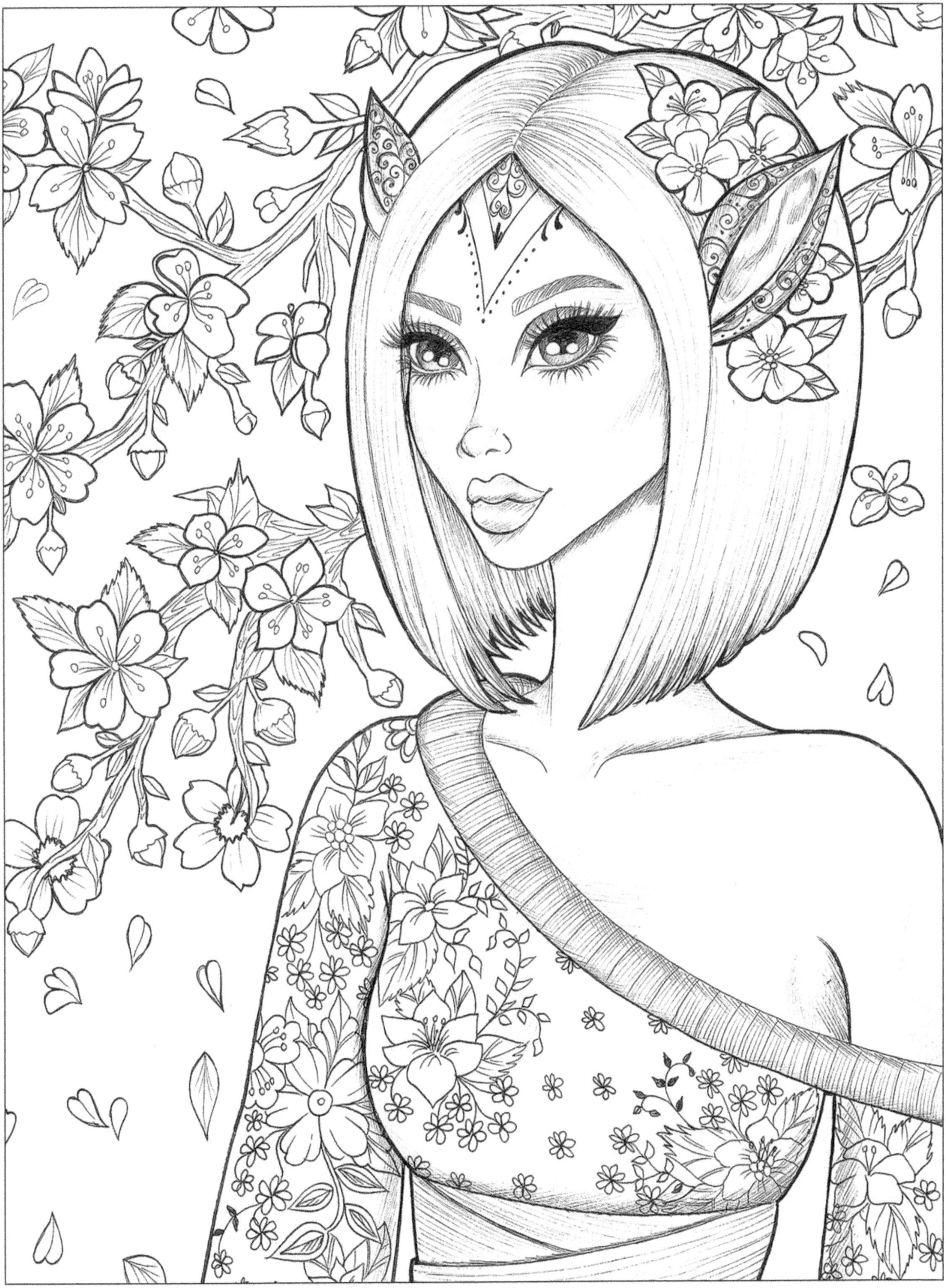

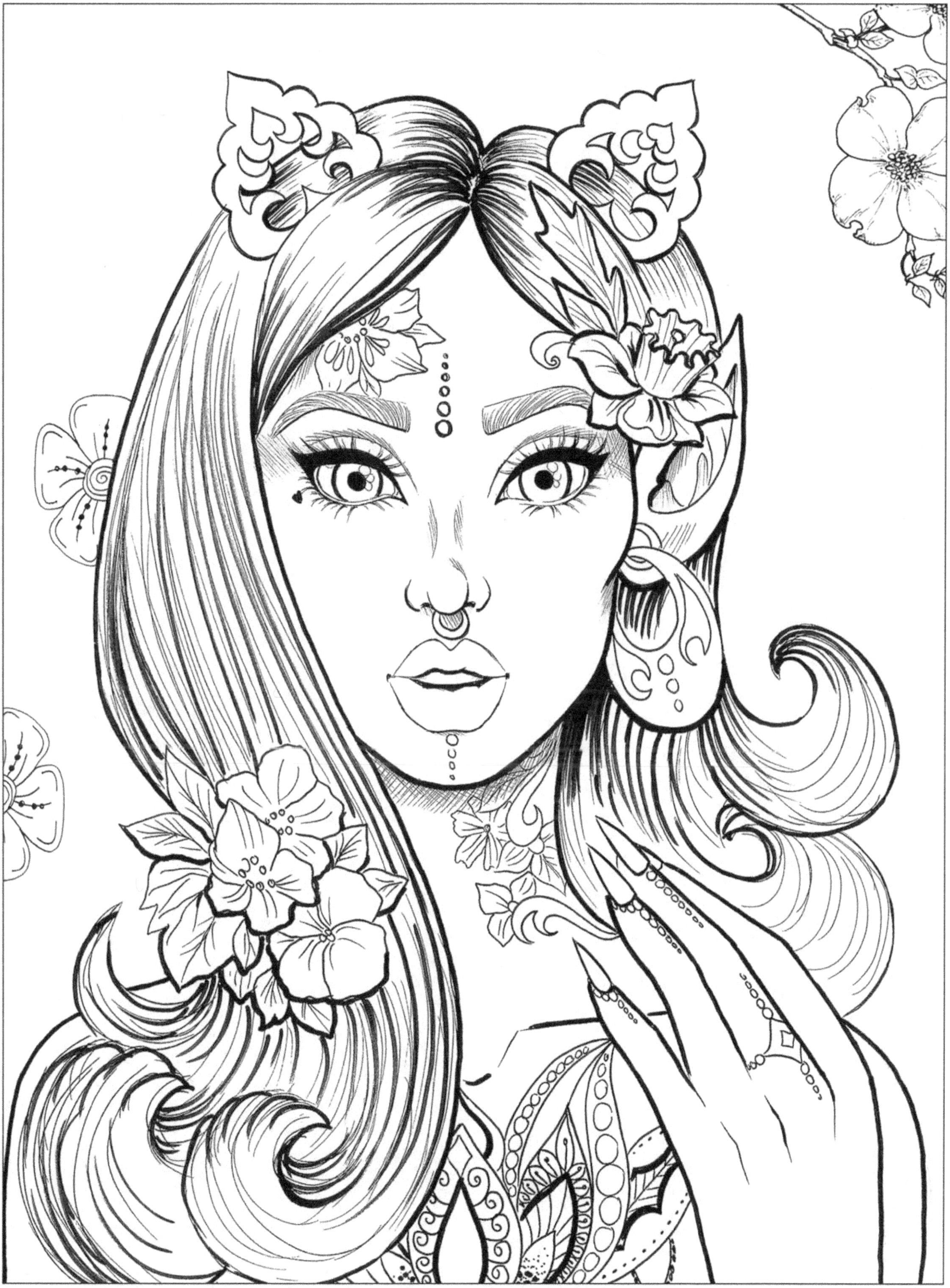

www.ingramcontent.com/pod-product-compliance
Lightning Source LLC
Chambersburg PA
CBHW081122240526
45470CB00019B/2918
* 9 7 8 1 9 7 8 1 6 8 4 1 1 *